Si en realidad quisiera

SER FELIZ

yo...

EDITORIAL UNILIT

Publicado por
Editorial Unilit
Miami, Fl. 33172
Derechos reservados

Primera edición 2002

Disponible en otros idiomas en Access Sales International (ASI) P. O. Box 700143, Tulsa, Oklahoma, 74170-0143, USA, Fax # 918-496-2822

Traducido al español por: Gabriel Prada

Producto 49517
ISBN 0-7899-0918-9
Impreso en Colombia
Printed in Colombia

INTRODUCCIÓN

La felicidad momentánea es pasajera y provisional; pero la verdadera felicidad, una vez que se descubre, se invierte en ella y se cuida con aprecio, se apodera del corazón del que la encontró y llena su vida de inspiración.

Los sencillos consejos que forman parte de este libro, no pueden garantizar la felicidad momentánea, ¡nada puede lograrlo! Esto es lo que *no* pueden lograr. Lo que *sí* pueden lograr es mucho más emocionante. Las sugerencias que se ofrecen en estas breves páginas, pueden ayudarte en el comienzo de un estilo de vida de felicidad continua y gratificante. Dichas sugerencias y consejos te ayudarán a ubicarte correctamente en cuanto a las relaciones, talentos y habilidades personales se refiere. Aun pueden ayudarte a crecer en una relación de intimidad con el Creador y Su propósito para tu vida.

¡Que Dios bendiga tu búsqueda!

Me reiría más, especialmente, de mí mismo

❧

*El corazón alegre
constituye buen remedio.*
Proverbios 17:22

La risa promueve la salud, la mental y la espiritual. No tan solo alegra el estado de ánimo, sino también alivia la tensión. Se ha demostrado que una buena dosis de risa hace que mejore la circulación del corazón, estimula la digestión, disminuye la presión sanguínea, e incita al cerebro para que produzca endorfinas, las cuales reducen el dolor.

La risa es también una expresión de fe en Dios, es la mejor manera de responder a tus propias flaquezas humanas al intentar vivir una vida feliz.

¡En el día de hoy, haz algo a favor de tu salud, ríete!

Ser feliz,

yo...

Alimentaría mi alma con una dosis de belleza de la creación

La belleza es un regalo de Dios.

Aristóteles

Una mujer que se dirigía hacia su trabajo una sombría mañana de invierno, quedó sorprendida al ver un sendero de flores en plena floración, el glorioso matiz de sus pétalos color violeta y amarillo, creaban un rígido contraste con el nublado cielo. Al instante, se alegró su estado de ánimo. Aquellas delicadas flores le hicieron recordar que la hermosura se puede encontrar aun en día triste, y en los momentos de mayor oscuridad emocional y espiritual.

Cuando apartas la vista de tus problemas, aunque sea por un breve momento, a menudo encontrarás que Dios ha colocado algo glorioso en tu camino con el fin de darte el ánimo que necesitas.

***Si has de encontrar la felicidad,
debes abrir los ojos para que la puedas ver.***

Ser feliz,

yo...

Cuidaría
de mi cuerpo

Evalúa tu estado de salud;
y si disfrutas de la misma,
alaba a Dios, y junto a una buena
conciencia, dale el valor que
amerita. Porque para mortales
como nosotros, la buena salud
es la segunda de las bendiciones
que podemos adquirir;
bendición que no puede
comprarse con dinero.

Izaak Walton

Las muchas ocupaciones a veces nos impiden que le prestemos atención al ejercicio y la buena nutrición. Todos nos hemos enfrentado a estas etapas; el hombre y la mujer que son sabios, entienden que no cuidar de nuestros cuerpos adecuadamente puede ser un serio obstáculo para lograr la felicidad.

Ambos, el ejercicio y la nutrición, están intrínsicamente relacionados a un sentir interno de balance y bienestar emocional. Ambos son necesarios para obtener deseados niveles de energía, fortaleza y un buen estado de salud. Más importante aun, ambos están directamente relacionados a un profundo sentir de contentamiento interior, lo cual, podría llegar a convertirse en tu único eslabón para experimentar la felicidad en medio de los ataques y tormentas de la vida.

Al ir fortaleciéndose tu cuerpo,
también se fortalece tu hombre interior.

Ser feliz,

yo...

Invertiría mis recursos en cosas cuyo valor sea perdurable

Porque donde esté vuestro tesoro, allí estará también vuestro corazón.

Mateo 6:21

Sabio es el hombre o la mujer que se detiene en el camino para preguntarse: "¿Cuáles recursos tengo a mi disposición y, cómo los estoy invirtiendo?" Los recursos consisten en más que el dinero; también incluyen el tiempo, el amor, la energía y todo lo que Dios te haya dado.

Dedica tiempo regularmente a examinar y evaluar tu realidad cotidiana. ¿Estás respondiendo a las cosas que parecen ser urgentes y descuidando las que son de mayor importancia? Toma en cuenta hoy mismo tus inversiones.

La mejor cartera de inversiones es la que ha sido rotulada con la palabra "Amor".

Ser feliz,

yo...

Tendría más paciencia conmigo mismo

Errar es humano, perdonar, es divino.

Alexander Pope

Ante un reto, siempre es sabio solicitar la ayuda de Dios, preparar al máximo tus habilidades, desempeñar el mejor y más digno esfuerzo... ¡y luego, ten un poco de paciencia contigo mismo! Nadie puede hacer todas las cosas bien, todas las veces. La perfección le pertenece solamente a Dios.

Aun cuando sea difícil reconocerlo, todos fracasamos en ocasiones, aun cuando nos esforzamos por hacer un buen trabajo. La buena noticia es que la mayoría de las personas aprenden más de sus fracasos que de los éxitos alcanzados, y los fracasos tienen el poder de crear gran empatía y sensibilidad hacia los demás. Cuando no te perdonas a ti mismo por los errores de debilidad humana, ignoras la instrucción de Dios de amarte a ti mismo "tal y como eres", y levantas barreras en tu propio camino hacia la felicidad.

¡Perdonarte a ti mismo
es el mayor de todos los regalos!

Ser feliz,

yo...

Me ocuparía de sembrar algo para verlo crecer

*Igual que el número
de manzanas que contiene
una semilla de manzana;
cada oportunidad
que aprovechamos contiene
un incontable número
de posibilidades.*

Autor desconocido.

¿Recuerdas la sencilla tarea que nos fue asignada en la escuela elemental, siembra semillas en un vaso con tierra, y observa cómo crecen? ¿No parecía algo increíble la manera en que una pequeña semilla se podía convertir en una hermosa flor o en un delicioso vegetal? Cuánto placer era para nosotros el irrigar la tierra, colocar la pequeña vasija al sol y observar cómo se asomaban las primeras hojas verdes. Era un momento de *vida*, un recuerdo del misterio del crecimiento, la multiplicación y la belleza, que es parte de cada ser viviente.

Es muy fácil volver a captar ese mismo momento de pura felicidad. Busca una vasija pequeña, llénala de tierra, y siembra tus semillas. Y entonces, siéntate y verás cómo vuelves a descubrir lo maravilloso de este gran evento.

¡Siembra... y serás rico en felicidad!

Ser feliz,

yo...

Comenzaría y concluiría cada día con genuino agradecimiento a Dios

*Entrad por sus puertas
con acción de gracias,
por sus atrios con alabanza;
alabadle, bendecid su nombre.*

Salmo 100:4

Nada produce mayor felicidad que el reconocer las cosas buenas que hay en tu vida, y darle las gracias a Dios por ellas. Aun cuando tus circunstancias sean difíciles, siempre podrás encontrar algo por lo cual estar agradecido. ¿Y, por qué es esto tan importante? La naturaleza humana nos hace enfocar en lo negativo; y lo negativo, opaca de manera abrumadora nuestro sentir de contentamiento interior.

Hacer un repaso de los aspectos positivos de tu vida, te ayudará a restaurar el delicado balance emocional y a estabilizar tu brújula interior. No hay mejor manera de recuperar la perspectiva y recuperar la felicidad.

¡Cuenta tus bendiciones cada mañana,
y da gracias a Dios por cada una de ellas!

Ser feliz,

yo...

Le daría a un niño un sincero cumplido

*Si un niño crece
en medio de alabanzas,
aprenderá a valorar
las cosas.*
Dorothy Nolte

¿Alguna vez te has detenido a considerar el gran laberinto de relaciones humanas por el cual los niños deben abrirse paso al ir creciendo? De cada persona, y de cada relación, adquieren porciones de información sobre sus puntos fuertes y debilidades, así como información sobre las maneras más apropiadas de comunicarse y relacionarse con los demás.

Darle a un niño un sincero cumplido, le enseña que él es intrínsicamente valioso, que él puede confiar en aquellos que dicen la verdad, que es bueno reconocer los puntos fuertes y las habilidades de los demás, ¡y que los cumplidos te hacen sentir muy bien! Al levantarle el ánimo a los demás, aquellos que ofrecen cumplidos, se acuerdan ellos mismos de estas mismas verdades. Procura hacer algo para ayudar a un niño a encontrar el camino.

Al moldear el carácter de un niño,
moldeas el futuro, y vuelves a moldearte tú mismo.

Ser feliz,

yo...

Cultivaría
de forma
constante
los momentos
de soledad

*La soledad es tan necesaria
para la imaginación,
como lo es la sociedad para
la formación del carácter.*
James Russell Lowell

Cuando una vasija va tomando forma en la rueda del alfarero, el alfarero le aplica presión por dentro y por fuera, mientras la misma va dando vueltas. Si no le aplica presión desde adentro, el interior de la vasija se derrumba. Y si no se aplica presión desde afuera, la vasija no podría conservar su forma.

Los seres humanos también necesitan fuerza interior para resistir las presiones que a diario experimenta desde afuera. Cuando regularmente pasamos tiempo en quieta soledad, escuchando el latir del corazón de Dios, recibimos las fuerzas que necesitamos para resistir las presiones de la vida y enfrentar cualquier crisis con fe y confianza.

La soledad fortalece y renueva el alma,
así como el alimento y el descanso fortalecen
y renuevan el cuerpo.

Ser feliz,

yo...

Sonreiría a
los desconocidos

*Porque tuve hambre,
y me disteis de comer;
tuve sed, y me disteis
de beber; fui forastero,
y me recogisteis.*

Mateo 25:35

¡Pocas acciones requieren tan poco esfuerzo y logran tanto como una sonrisa! Darle una sonrisa a un desconocido podría representar el único aspecto positivo en el día de tal persona, y también, hay un bono para ti en esa sonrisa. Eso es lo tremendo respecto a las sonrisas: inspiran felicidad en ambos, en el que la recibe y en el que la otorga.

Por espacio de una semana, añade el "factor sonrisa" a tu rutina diaria. Sonríe cuando alguien se cruce en tu camino; sonríe a las personas en el elevador; sonríe al chofer del auto que está a tu lado. ¡Sonríe, sonríe, sonríe! Encontrarás que el mundo no es tan intimidante; tu interacción con otros, será mucho más placentera y tu nivel de felicidad personal aumentará.

Una sonrisa es un regalo para ti y para los demás.

Ser feliz,

yo...

Miraría la vida a la luz del amor de Dios

El viaje de descubrimiento no radica en hallar nuevos paisajes, sino en tener nuevos ojos.
Marcel Proust

En una meditación sobre el amor de Dios escrita en el siglo catorce, Juliana de Noruega cuenta cómo Dios la llevó a fijarse detenidamente en una avellana que sostenía en la palma de su mano. Sintió gran asombro ante la misma; tan pequeña y aparentemente insignificante, y sin embargo, más valiosa de lo que pudo imaginar, porque Dios la había creado, la creó con un propósito y la amaba. Juliana llegó a la siguiente conclusión: "Todo lo que hay le debe su existencia al amor de Dios".

En la vida abundan estas manifestaciones del infinito cuidado de Dios. Abre tus ojos para que puedas ver, y tú también podrás experimentar la felicidad de saber que eres amado y grandemente apreciado por el Creador del universo.

Cuando nos detenemos y verdaderamente observamos lo que Dios ha creado para que lo disfrutemos; encontraremos evidencia de su amor por todos lados.

Ser feliz,

yo...

Obsequiaría
lo que no necesito
a alguien que
tenga necesidad

*La medida de la vida
no es su duración,
sino su donación.
¿Cuánto te echarán
de menos?*
Peter Marshall

Acércate a la despensa y coloca tu mano sobre una lata de comida que haya estado almacenada un año por lo menos. Entonces, dirígete hacia cualquier ropero, gaveta o espacio en tu casa donde almacenas pertenencias; saca aquellas cosas que no necesitas. Seguramente encontrarás algunos artículos que habías olvidado.

Ahora considera lo siguiente. A corta distancia de tu hogar, no importa donde vivas, encontrarás personas que poseen muy poco o casi nada. Suplir las necesidades de alguna otra persona, aun cuando sea algo insignificante, es una experiencia increíblemente grata y una de las claves principales para alcanzar la verdadera felicidad. Prepara un "regalo de excedentes" para algún necesitado.

Almacenar lo que no necesitamos, no es una virtud.

Ser feliz,

yo...

¡Expresaría mi agradecimiento!

Dad gracias al SEÑOR,
porque Él es bueno.
Salmo 118:1

Ninguna persona es una isla. Desde el día en que nacimos hasta el día de nuestra muerte, dependemos en innumerables maneras de la ayuda de otros .

¿Quién te enseñó cómo amarrar los cordones de tus zapatos y abotonar tus camisas? ¿Quién estuvo a tu lado hasta que aprendiste a dividir y a leer? ¿Quién te apoyó y te ayudó a conseguir tu primer trabajo? ¿Quién te enseñó a amar sin egoísmo o te animó a usar tus talentos para afectar positivamente el mundo?

Al ir creciendo, la necesidad que tenemos de otras personas se agudiza. De igual manera debería ir aumentando nuestro nivel de gratitud. Hoy es un buen día para llamar o escribirle a uno de tus "ayudantes", y decirle "Gracias".

Desarrolla una actitud de agradecimiento.

Ser feliz,

yo...

Volvería a leer
un libro favorito

Los libros son los amigos
más constantes y reservados
de todos los amigos;
son los consejeros
más sabios y accesibles,
y los más pacientes
de todos los maestros.
Charles W. Eliot

Un hombre fue "sorprendido" leyendo una novela infantil de una serie que había leído a la edad de diez años. Le explicó a su esposa que desde muy pequeño, estas historias sobre el antiguo oeste norteamericano lo habían cautivado, pero que al leerlas otra vez como adulto, se encontró a sí mismo disfrutando el estilo y las imágenes tanto como la trama.

Los libros siempre tienen algo nuevo que ofrecer. Leer un libro que disfrutaste siendo niño, te ayudará a recordar momentos de felicidad, y a reavivar un sentir de pura aventura, descubrimiento e imaginación. Consigue uno de tus favoritos de antaño, y permite que el mismo te transporte a una época de constante felicidad y asombro infantil.

Una persona nunca es demasiado vieja para disfrutar de la experiencia de otros o de finales felices.

Ser feliz,
yo...

Estaría a la expectativa de "pequeños milagros" que ocurren a diario

*Para mí, cada hora del día
y de la noche es un milagro,
cada centímetro cúbico
de espacio, es un milagro.*

Walt Wiltman

A nuestro alrededor ocurren milagros todos los días. Ocurren tan a menudo que de forma rutinaria dejamos de notarlos al momento. Podrían pasar horas antes de reconocer que la milagrosa protección de Dios nos rodeaba. Y podría ser que solo en un momento de quieta reflexión reconozcamos que el haber llegado a tiempo a una cita, a pesar de los numerosos desvíos, o haber encontrado a cierta persona en medio de una gran multitud, formó parte de cierto elemento misterioso.

A veces, los milagros a tu alrededor son tan sencillos como el capullo que de repente florece, o los pajarillos que rompen el cascarón en el nido que hay fuera de tu ventana. Dedicar tiempo para ver y apreciar lo milagroso, garantiza que a tu alma se asome una sonrisa y felicidad a tu corazón.

Los milagros están para que los aprecies.

Ser feliz,

yo...

Me regocijaría con los que se regocijan

Me gozo y regocijo con todos vosotros. Y asimismo gozaos y regocijaos también vosotros conmigo.
Filipenses 2:17,18

Para muchas personas es más fácil llorar con los que lloran que regocijarse con los que se regocijan, y esto, es debido a que los celos encuentran la forma de levantar su fea cabeza. Pero una manera segura de lograr un mayor y creciente nivel de felicidad, se adquiere al celebrar las "cosas buenas" que llegan a la vida de los demás, permitiendo que el deleite de las mismas, se convierta en tu deleite personal.

Si en realidad participas en una relación con otras personas, lo que ellos experimentan es, literalmente, parte de tu propia experiencia personal. El considerar las cosas buenas que les suceden a ellos como parcialmente tuyas, sin ceder a impulsos egoístas, ciertamente te permitirá crecer grandemente, en gozo, esperanza y felicidad.

Para multiplicar el gozo que sientes,
disfruta la felicidad de los demás.

Ser feliz,

yo...

Me obsequiaría a mí mismo un ramillete de flores frescas

*Las flores son las cosas
más encantadoras que Dios
jamás creó, y se olvidó
de poner un alma en ellas.*
Henry Ward Beecher

Nada ilumina una habitación tanto como un ramillete de flores frescas.

Las flores proveen un fino toque de frescos y vibrantes colores que iluminan el día y nos hacen recordar la belleza que Dios ha colocado en el mundo. Las flores también nos hablan de la fragilidad y delicadeza de la vida, y con sus halagos nos invitan a que abandonemos todo esfuerzo por ir tras lo vano y temporal. Ellas son un eco del esplendor del Edén, y son promesa de la gloria del Cielo.

Tal y como lo expresó en cierta ocasión el estadista inglés, William Wilberforce: "Las flores hermosas son las sonrisas de la bondad de Dios".

Obséquiate a ti mismo un recordatorio de la bondad
y belleza que Dios ha creado.

Ser feliz,

yo...

¡Iría a volar un cometa!

Si mantienes el arco continuamente estirado, muy pronto lo romperás.

Phaedrus

Charles Schultz, el creador de las tiras cómicas de nombre "Carlitos", reveló en cierta ocasión que la razón por la cual dibujaba imágenes de la niñez, es porque cada uno de nosotros puede relacionarse con momentos cuando no teníamos preocupaciones y el mayor problema en nuestra vida era evitar que la cometa se enrede en el árbol del vecino.

El próximo día que haya mucho viento, construye o compra un cometa, ve al campo más cercano, suelta el hilo, y permite que todas tus preocupaciones se eleven alto, alto, alto y muy lejos. Olvida por un instante tus responsabilidades de adulto, y recupera la esencia de la felicidad sin estorbos.

Para hacer volar una cometa,
tienes que mirar hacia ARRIBA.

Ser feliz,

yo...

Decidiría ver sólo lo mejor en los demás

*Todo lo que es verdadero,
todo lo honesto, todo lo justo,
todo lo puro. Todo lo amable,
todo lo que de buen nombre;
si hay virtud alguna,
si algo digno de alabanza,
en esto pensad.*

Filipenses 4:8

Las decisiones son un aspecto vital de la vida, y una de las más importantes decisiones, es la manera como vemos a las demás personas. Podemos escoger enfocar en los buenos puntos de un individuo, o mantener nuestros ojos fijos en aquellas cosas que nos molestan. Podemos escoger el reconocer y elogiar los dones, talentos, contribuciones y las buenas obras de un individuo, o podemos cerrar nuestros ojos ante las características positivas y ver tan sólo sus faltas.

La manera como escoges ver a los demás, en cierta forma se convierte en la opinión que tienes de tu propio valor personal. Ver lo bueno en los demás, significa reconocer que Dios es el dador de toda buena dádiva y el autor del amor y la aceptación.

*Exprésale hoy mismo a alguien
lo que más admiras de él o ella.*

Ser feliz,

yo...

Haría ejercicio, ejercicio, ejercicio

*Aquellos que piensan
que no tienen tiempo
para el ejercicio corporal,
tarde o temprano tendrán
que separar tiempo
para las enfermedades.*
Edward Stanley

El cuerpo humano es como el conejito de baterías que aparece en los comerciales de televisión, continuará andando y andando siempre y cuando esté conectado a la fuente de energía adecuada. Sin embargo, si descuidas las necesidades básicas del cuerpo, el mismo caerá derrumbado al piso. Una de las necesidades básicas que anhela tu cuerpo es el ejercicio regular, cualquier actividad que acelere el ritmo del corazón, haga bombear la sangre por las venas y eleve los niveles de adrenalina.

Aunque el ejercicio podría a veces parecer inconveniente, aburrido o tedioso, sus beneficios son abundantes; mantener el cuerpo en su punto máximo, indefectiblemente te ayudará a realzar tu sentir de bienestar general. ¿Qué esperas?, ¡levántate y entra en acción! Y, uno y dos y, uno y dos y...

Ejercita tu derecho a ser feliz.

Si en realidad quisiera

Ser feliz,

yo...

Protegería
mi tiempo
de descanso

*El final y la recompensa
del trabajo, es el descanso.*
James Beattie

La sociedad en la cual vivimos, parece haber tomado la decisión de llenar cada espacio de tiempo disponible con todo tipo de actividades, trabajo, recreación, tiempo familiar, obras de caridad, excepto descanso y relajamiento. Nuestros frenéticos estilos de vida no van a la par con la evidencia médica ni lo expresado por los médicos cuando exponen como un hecho, que el descanso aumenta la capacidad de disfrutar y ser mucho más efectivo en todos los demás esfuerzos.

El descanso, ambos: físico y mental, te hará estar más alerta, ser más productivo, lograr mayor eficiencia y experimentar menos irritabilidad, o sea, ¡más feliz! Úsalo como punto de partida para todas las demás actividades. Tu cuerpo te lo agradecerá.

¿Desperdiciar una siesta? ¡Ni pensarlo!

Si en realidad quisiera

Ser feliz,

yo...

Comenzaría
el día leyendo
la Biblia

Lámpara es a mis pies
tu palabra, y lumbrera
a mi camino.
Salmo 119:105

"Debes desayunar bien", solían decir nuestras madres. La buena nutrición temprana en la mañana, imparte energía y fuerzas para el resto del día. Así mismo ocurre con nuestra energía y fuerza espiritual. Muchos creen que la Biblia es la mejor fuente de nutrición espiritual, y en el menor de los casos, sus páginas están repletas de sublime prosa, extraordinaria poesía, y sabiduría práctica.

Cuando comiences, piensa cómo es que cada porción de las Escrituras podría aplicarse específicamente a tu persona y a las situaciones que enfrentarás en los días que están por delante. Las verdades en la Biblia son eternas, y representan una poderosa luz que te ha de guiar a través de días, semanas y años. Verdaderamente, es la fuente de eterna felicidad.

Guarda en tu corazón aquello que te ofrece vida abundante hoy, y vida eterna en el futuro.

Si en realidad quisiera

Ser feliz,

yo...

Comenzaría algo, y lo terminaría

*El éxito radica
en el concluir, no en soñar
ni en el comenzar.*
Autor desconocido

"¡Por fin!" y, "¡Qué bien!" son dos de las exclamaciones de mayor satisfacción en el idioma castellano, especialmente cuando las mismas puntualizan el haber completado un trabajo difícil. Haber completado algún proyecto o quehacer, produce sentimientos de satisfacción, descanso y orgullo personal.

En algún sitio de tu casa u oficina hay un proyecto que ha estado esperando por tu llegada; con el fin de aumentar tu nivel de felicidad una vez que lo hayas completado, ¡Sumérgete en el mismo y termínalo! Te hará sentir muy bien.

Nada hay que le haga sentir mejor
a una persona, que la satisfacción
de un trabajo bien hecho.

Si en realidad quisiera

Ser feliz,

yo...

Reconocería
que "ser feliz",
es una decisión

La mayoría de las personas
son tan felices
como deciden serlo.
Abraham Lincoln

Scarlet O'Hara, el personaje principal en el clásico *Lo que el viento se llevó*, creía que sólo una cosa la haría feliz, llegar a convertirse en la señora de Ashley Wilkes. Cuando Ashley se casó con otra mujer, Scarlet tomó la decisión de hacerle la vida lo más miserable posible, pero en el proceso, ella creó para sí una vida miserable. En vez de lidiar con su desilusión de la mejor manera posible, echó por la borda su felicidad con ambas manos.

Por supuesto, la felicidad es una emoción, pero, también es una decisión. Puedes escoger ser feliz en vez de estar triste, optimista en vez de pesimista, albergar esperanzas en lugar de dudas. En este aspecto, por lo menos, nadie puede robarte la felicidad, es tuya para hacer con ella tal y como desees.

Para poder abrazar la felicidad,
primero debes soltar la miseria.

Ser feliz,

yo...

Haría primero algo bueno por alguien

*Más bienaventurado
es dar que recibir.*
Hechos 20:35

Recibir es pasivo, y es un fin en sí mismo. Pero dar, es activo; produce, genera y crea. Aquellos que dan a los demás, le dan comienzo a un ciclo de bendición que a menudo incluye sentimientos de gozo, felicidad, satisfacción, plenitud, y un profundo y perdurable sentir de propósito. No hay nada en la vida que produzca más beneficios.

Dar primero, sólo sirve para enfatizar la experiencia. Es una genuina expresión de amor. Ciertamente, es amor al más alto nivel.

Dar a otros primero, es a la larga el mejor regalo que te puedas obsequiar a ti mismo.

Ser feliz,

yo...

Cada tres meses le dedicaría un día a la "salud mental"

Mucho trabajo y poco juego convierten a Jack en un tipo aburrido, y Jill tampoco se siente muy animada que digamos.
Roberta Culley

Procura pasar un día completo haciendo aquello que tu alma considera divertido, lujoso, especial, y provechoso. Podría ser algo tan sencillo como pasar el día en compañía de amigos muy queridos o pasar el tiempo caminando en un hermoso ambiente, disfrutando un buen tiempo de siesta o leer un buen libro, junto a una lumbre que arde furiosamente. Relájate y disfruta el tiempo alejado de las ocupaciones de la vida. Concentra toda tu atención en aquellas cosas que son eternas, significativas y placenteras.

Estos períodos de retiros personales te garantizan el que te sientas más estimulado y equilibrado; con una nueva disposición para enfrentar cualquier tipo de reto.

El tiempo invertido en volver a conectar contigo mismo y con Dios, es tiempo muy bien invertido.

Si en realidad quisiera

Ser feliz,

yo...

Buscaría
un viejo amigo
para volver
a familiarizarnos

*El mejor espejo
es un viejo amigo.*
George Herbert

Los amigos del pasado, especialmente los de nuestra niñez, nos ofrecen una perspectiva única sobre nuestras vidas. Ellos están íntimamente relacionados con recuerdos marcados por gran inocencia y pureza. Los amigos de toda una vida, casi siempre tienen conocimiento de los miembros de nuestra familia, cultura, iglesia o vecindario. Volver a establecer lazos de amistad, puede ayudarnos a "completar el círculo", permitiéndonos experimentar un sentir de totalidad, significado, perspectiva y gratos sentimientos personales.

Todas las amistades nos proveen fortaleza y ánimo para enfrentar el futuro. Las viejas amistades que son renovadas, también nos ofrecen la fortaleza y el ánimo de tiempos pasados.

*Extiende tu mano y toca la felicidad
de tus años de juventud, ¡llama a un viejo amigo!*

Ser feliz,

yo...

Iría tras
la realización
de un sueño
olvidado

El deseo cumplido
regocija el alma.
Proverbios 13:19

El anhelo de Anna era convertirse en una artista. Ante la carencia de pinturas, ella usaba jugo de bayas para satisfacer su pasión. Sin embargo, después que se casó, se vio en la obligación de echar a un lado su pasatiempo. La vida en la granja de la familia, la cual compartía con su esposo e hijos, la mantenía bastante ocupada el día entero. Durante las noches lograba dedicar algunos minutos al bordado, pero a la larga, la artritis convirtió su pasatiempo en algo muy doloroso. Muchos años después de haberse jubilado, decidió regresar a lo que en su niñez le causó tanto gozo. Volvió a tomar brocha y pincel entre sus manos, y a la edad de setenta y ocho años, comenzó a vender sus obras.

Anna, a quien conocemos como la Abuela Moisés, demostró que nunca es demasiado tarde para encontrar el éxito y la felicidad, haciendo lo que uno ama.

Hoy es el mejor día para ir tras la realización de tu sueño.

Ser feliz,

yo...

Haría
un nuevo amigo

*Cada amigo representa
un mundo en nosotros;
un mundo de posibilidad que
no nace hasta que estos
llegan, y es sólo ante este
encuentro, que nace
un nuevo mundo.*

Anais Nin

Una de las grandes bendiciones de la vida, es poder relajarte en la cómoda presencia de viejos amigos, donde somos amados y aceptados sencillamente por ser quien somos. Sin embargo, a veces olvidamos que no siempre es así. Estos que ahora reconocemos como queridos y constantes amigos, fueron en algún momento "nuevos amigos". Dios los envió por nuestro camino para que pudiésemos expandir nuestros horizontes y crecer en diversas y novedosas maneras.

Si eres sabio, te acercarás a otros y procurarás establecer nuevas amistades. Mientras más edad tengas, más difícil te parecerá poder hacerlo. Pero, las recompensas son grandes, y seguramente te encontrarás a ti mismo siendo gratamente estimulado y desafiado.

Puedes ensanchar tu felicidad al ensanchar
tu círculo de amistades.

Ser feliz,

yo...

Dedicaría
un tiempo diario
a tomar el té

Descansar no significa dejar
tu ocupada carrera;
descansar significa ajustar
tu persona a lo que te rodea.
John Sullivan Dwight

Una empresa instituyó en cierta ocasión lo que llamó la "política del té", todos los días, alrededor de las tres de la tarde, varias personas empujaban por los pasillos de la empresa carritos de té, ofreciéndole a cada empleado una taza de té y golosinas. El resultado fue un dramático aumento en producción y calidad del trabajo el resto del día. Los empleados también registraron un significativo aumento en su nivel de satisfacción con la empresa y con sus trabajos.

La hora del té, le proveyó a los empleados cuatro cosas positivas: un breve descanso, un tiempo para socializar con los demás empleados, una supuesta "recompensa", y un impulso de energía. ¡Todos necesitamos estas cuatro cosas por lo menos una vez al día! Haz la sugerencia a tu jefe, o hazlo para tí mismo.

Tomar un breve descanso para una taza de té, puede convertirte en un mejor empleado.

Ser feliz,

yo...

Compraría algo insignificante en una venta de artículos usados

*Amarás a los demás
con el mismo amor
con que te amas
a ti mismo.*

Marcos 12:31

Las palabras de Jesucristo que aparecen registradas en la Biblia, nos exhortan a que amemos a los demás tal y como nos amamos a nosotros mismos. Esto es diametralmente contrario a la manera en que muchos de nosotros fuimos enseñados; pero a larga, tiene sentido. Podrás ser bondadoso con los demás cuando primero hayas sido bondadoso contigo mismo.

Por lo tanto, no temas disfrutar los ocasionales placeres de la niñez, siempre y cuando estos no representen un peligro para tu persona o para otros. Y estas aventuras de engrandecimiento personal, no tienen por qué llevarte a la bancarrota. Unos cuantos centavos invertidos en la compra de un artículo usado, puede traer grandes sentimientos de alegría al corazón.

***¡Sin razón alguna, obséquiate un regalo,
hoy mismo!***

Haría la llamada telefónica que he estado posponiendo

*Después, y después
nunca llega.*
San Agustín.

No hay un momento como *ahora,* para hacer aquello que sabes es necesario, y que has estado postergando. Aplazar las cosas para luego, socava la felicidad; pero tomar decisiones con vigor y energía elimina toda frustración, ansiedad e inseguridad. Imagínate lo bien que debe sentirse poder resolver una situación desagradable o encaminar una relación dañada por la senda de la sanidad.

Si estás preocupado por lo que otra persona pueda decir en respuesta a tu disculpa, reconocimiento o declaración de la verdad, no sientas tal cosa. Independientemente de la respuesta, sentirás una poderosa oleada de alegría y alivio por haber tenido la valentía de hacer lo debido. Y no olvides hablar con amabilidad.

Haz lo correcto y deja que Dios
se encargue de lo demás.

Ser feliz,

yo...

Dedica tiempo a meditar sobre las decisiones importantes

*Las decisiones apresuradas
no son seguras.*
Sófocles.

Es de sabios el reconocer que tan sólo se requiere unos breves minutos para considerar las posibles consecuencias de una decisión, o trazar un plan que produzca un aumento en efectividad, eficiencia o calidad. Hacer una pausa para pensar, puede llevarnos a una conclusión en particular: "Esto es malo" o "Esto es mejor". Ambas conclusiones, sea para evitar un camino negativo o para avanzar por uno más positivo, crea el potencial para mayores éxitos y menos sufrimiento en el futuro.

No permitas que nadie ponga en peligro tu felicidad, impulsándote a tomar una decisión prematura. No te apresures, y confía en tus instintos. ¡Obtendrás la respuesta que buscas cuando la necesites!

Por amor a la felicidad, haz una pausa.

Ser feliz,

yo...

Pagaré
cuando compre

No debáis a nadie nada,
sino el amaros
unos a otros.

Romanos 13:8

El Reader's Digest imprimió en cierta ocasión un artículo que había sido originalmente publicado en la revista Money (Dinero) bajo el título: "Vence la guerra contra las deudas". En medio del artículo apareció impreso un anuncio de dos páginas sobre un popular antidepresivo. Quizá lo irónico del lugar donde apareció impreso el anuncio, no fue intencional, pero sí transmitía una verdad, las deudas pueden causar depresión. Casi nada te roba el gozo como una pila de facturas marcadas "cuentas atrasadas".

Algunas deudas son inevitables, pero la mayoría de las mismas es culpa nuestra. Una política personal de "paga cuando compres" es la mejor manera de eliminar las deudas y permanecer libre de deudas. Y lo cierto es que, la felicidad de una vida libre de deudas, no puede ser calculada.

¡La felicidad no se puede comprar!

Ser feliz,

yo...

Evitaría
el chisme

*No hay nada que no pueda
empeorarse, diciéndolo.*
Terrance

Las buenas noticias viajan con rapidez, y las malas noticias aun más. Por alguna razón, las personas están más dispuestas a divulgar más las cosas negativas que escuchan que las positivas. Al hacerlo, pierden la recompensa positiva, porque todo lo que decimos, a su tiempo regresa a nosotros.

El camino hacia la felicidad está pavimentado con elogios y alabanzas. Tales palabras hacen sonreír al que habla y al que escucha, e infunde aliento en el corazón de ambos. Las cosas positivas que dices, tienen también el poder de establecer tu reputación como una persona de integridad; que logra obtener la confianza, admiración y el respeto de los demás.

Las palabras positivas
producen felicidad a tu alrededor.

Ser feliz,

yo...

Me esforzaría por mejorar mis buenos hábitos y deshacerme de los malos

*Cultiva sólo aquellos hábitos
que estés dispuesto
a dominar.*
Elbert Hubbard

La buena salud, las buenas relaciones, en general, la buena vida, nunca resultan ser un accidente. Es el llano y sencillo resultado del buen vivir. Cuando establecemos hábitos que nos mantienen en el camino que debemos andar, entonces podemos esperar que la felicidad sea el resultado.

Por supuesto, no es posible controlar cada aspecto de nuestras vidas. Habrá momentos de pena, dolor y aun calamidades, a los que nos enfrentaremos sólo porque vivimos en un mundo imperfecto. De todos modos, si estableces buenos hábitos, podrás incrementar y proteger lo que Dios te ha dado. Y recuerda, se requieren sólo veintiún días para establecer un buen hábito.

Al construir buenos hábitos,
se construye una buena vida.

Ser feliz,

yo...

No cesaría
de cantar

*Cantad al SEÑOR
un cántico nuevo; cantad
al SEÑOR, toda la tierra.*
Salmo 96:1

En lo más profundo de cada ser humano, Dios ha colocado el gozo del cántico. Esto parece haber sido con la intención de contrapesar los aspectos más rutinarios y problemáticos de la vida. Aun cuando no tengas la habilidad de entonar ni una sola nota, dejar escapar ese gran deseo en forma de cántico, puede causar en ti sentimientos refrescantes y vigorizantes.

De hecho, cantar es algo tan energizante que a veces las personas no pueden evitar que sus pies estén zapateando y que sus piernas comiencen a bailar. No esperes más, canta sólo porque en ello hay alegría, y porque puedes hacerlo.

La felicidad está tan cerca
como unas cuantas notas de distancia.

Ser feliz,

yo...

Escogería una carrera por satisfacción personal, en vez de una con gran potencial de ingresos

Recibe buena paga aquel que está bien satisfecho.
William Shakespeare

Los ingredientes necesarios para producir la felicidad genuina, varían dependiendo de la persona, pero una cosa sí es cierta en cuanto a todas, las riquezas materiales o las posesiones nunca satisfacen plenamente los profundos anhelos del corazón humano. Tampoco establecen el valor propio ni suplen nuestra necesidad de ser amados.

Cada persona es una maravillosa combinación de inconfundibles talentos y pasiones, los cuales han sido marcados con un profundo deseo de expresar el don específico dado por Dios. Dedica tiempo para ubicar cuál es tu especial talento, y úsalo. Cuando lo hagas, la felicidad con seguridad te ha de seguir.

Debes aprender a conocer quién eres,
antes de aprender qué te hace feliz.

Ser feliz,

yo...

Conocería
el mundo, aun
cuando sólo sea
mi vecindario

La travesía, los viajes,
y un cambio de lugar,
imparten vigor.
Séneca

Piensa por un momento en esos lugares que te gustaría conocer, y traza un plan para visitarlos. ¿Otro estado? ¿Otra nación? ¿Por qué vivir dando vueltas como un hámster en una rueda, corriendo en la misma rutina a los mismos lugares y a la misma hora de siempre? ¡Toma un descanso! Establece un horario para embarcarte en tu propia aventura personal. Lo cierto es que, la mitad de la felicidad se encuentra en expectación. ¡Así que, sueña en grande, y a menudo!

Y mientras tanto, toma tiempo para descubrir los tesoros que hay en tu propio patio y vecindario. Hay un maravilloso mundo a solo unos pocos kilómetros de distancia, esperando ser descubierto y disfrutado.

La felicidad es descubrir el mundo que te rodea.

Ser feliz,

yo...

Me convertiría en un intrépido "bienhechor"

*El hombre que es bueno
hace el bien porque tiene
un buen corazón.*

Lucas 6:45

Las organizaciones como Habitat for Humanity (Hábitat para la Humanidad), han descubierto que si cincuenta personas se unen, pueden construir o restaurar una casa para una familia necesitada. Y, si construir una casa no es lo que hace latir tu corazón, existen muchas otras posibilidades que también te permiten invertir tu tiempo, tus energías y talentos en una causa digna, sin tener que asumir toda la responsabilidad o el gasto.

Identifica algún proyecto en tu vecindario o ciudad, y si no puedes hallar uno con el cual te identificas, comienza uno tú mismo e invita a otros para que también participen. No hay nada tan satisfactorio como la acción desinteresada de ayudar a los demás, nada más te ha de recordar de forma tan audaz todas las bondades de Dios en tu propia vida.

La felicidad regresa a ti cuando la compartes.

Ser feliz,

yo...

Leería
o escucharía
materiales
inspiradores

*El que ama la lectura tiene
todo a su alcance.
Sólo tiene que desearlo,
y puede poseer toda especie
de sabiduría para juzgar,
y poder para obrar.*
William Godwin

Todos necesitamos inspiración, para perseverar en la búsqueda por la excelencia, para continuar en la buena batalla y para resistir los tiempos difíciles. Quizá alguien te inspire en el día de hoy, pero si eres sabio, no dejarás que tal cosa ocurra por casualidad. Ve y consigue uno de los numerosos libros, casetes, o videos inspiradores que se encuentran disponibles; lo cual te ayudará a mantener el rumbo y a cumplir con tu potencial. Tales materiales pueden ayudarte al atravesar tiempos difíciles o a comenzar de nuevo con renovado entusiasmo, cuando hayas sufrido un revés.

De vez en cuando, todos necesitan un estímulo emocional, algo que te levante, un empujón en la correcta dirección, o una palabra de aliento. No hay culpa en perder la inspiración, sólo en permitir que permanezca perdida.

¡"Inspirar" significa poner algo bueno en tu alma!

Ser feliz,

yo...

Emprendería las tareas difíciles primero

*Por encima de todo,
el mejor de los premios
que ofrece la vida,
es la oportunidad
de trabajar arduamente
en algo que valga la pena.*
Theodore Roosevelt

Cualquier cosa que para ti sea lo más difícil hacer, hazlo *primero*. Es mejor emprender las tareas difíciles temprano en el día, cuando tanto las energías como la motivación se encuentran a niveles máximos. Este pequeño truco, te ayudará a completar los trabajos con mayor rapidez y menos complicaciones. Además, sacar del medio la tarea más difícil te llena de satisfacción e ímpetu para continuar el resto del día.

Quizá estés pensando que te sentirías aun más feliz sin tener tareas por hacer. Y es posible que estés en lo cierto, pero, con la mayoría de los seres humanos no ocurre así. El trabajo, y la satisfacción que el mismo produce, parece ser un ingrediente clave en el cociente de felicidad humano.

*¡No trabajes más fuerte;
trabaja con más inteligencia!*

Ser feliz,

yo...

Me recompensaría a mí mismo por metas o acciones dignas

*Digno es el obrero
de su salario.*
1 Timoteo 5:18

Las recompensas nos motivan a continuar haciendo aquellas cosas que sabemos son buenas, correctas y justas. Nos ayudan a vencer la inercia de la pereza y la apatía. Por tal razón, podemos usar las recompensas personales como una manera de incrementar nuestra capacidad por hacer lo debido.

Como dice el antiguo cántico: "¡Recalca lo positivo... elimina lo negativo!" Mientras más recompensamos lo positivo, más alejamos nuestra atención y esfuerzos de aquellas cosas que destruyen o hacen daño, y nos enfocamos en las que producen felicidad y contentamiento.

Realmente es bueno hacer lo que es bueno.

Ser feliz,

yo...

Daría y recibiría
más abrazos

*El amor nos brinda
en un momento, lo que casi
no podemos alcanzar
después de muchos años
de esfuerzo y trabajo.*
Von Goethe

Los abrazos son algo muy poderoso, hacen desparecer el dolor que siente un niño por el rasguño en una rodilla, sanan un largo alejamiento, traen alivio al alma agobiada, consuelan el corazón dolorido, y colocan una sonrisa en el rostro de casi cualquier persona que da o recibe uno. Los abrazos son una expresión sin palabras de lo que es amor. Hablan por sí mismos, diciendo: "Me importas, Te acepto, Te aprecio, Me hiciste falta, Me gusta estar contigo, Aquí estoy a tu disposición".

Los abrazos son necesarios para el crecimiento emocional, de hecho, algunos investigadores han concluido que los niños necesitan tantos abrazos al día como vasos de leche. Y a menudo, los asesores matrimoniales prescriben que los cónyuges se deben abrazar por lo menos dos veces al día. ¡No olvides tu dosis diaria de "abrazos para la felicidad"!

El toque humano nos conecta física
y espiritualmente con los demás.

Ser feliz,

yo...

Jugaría
un juego infantil
con un niño

*Encontramos deleite
en la belleza y alegría
de los niños; lo cual hace
que el corazón
sea demasiado grande
para el cuerpo.*
Ralph Waldo Emerson

Los niños juegan libre y espontáneamente, sólo por el gozo que esto produce. Muchos adultos piensan que jugar de tal manera es infantil. La verdad es que, todos nosotros podemos aprovechar una aventura ocasional en el deleite inocente y sin trabas del mundo de un niño.

Busca uno de estos pequeñitos y pregúntale si él o ella tiene algunos juegos "divertidos" que puedan jugar juntos. Te sorprenderás de cuánta felicidad puede producir una actividad tal, después de todo, no hay nada que probar y mucho por ganar. Y, si pierdes, seguramente terminarás con una sonrisa en tus labios.

La diversión inocente es el mejor tipo de diversión.

Ser feliz,

yo...

No tardaría
en pedir perdón

*Bienaventurados aquellos
cuyas iniquidades
son perdonadas.*
Romanos 4:7

El perdón es una cosa maravillosa, y sin embargo, demasiadas veces permitimos que nuestra terquedad nos mantenga doblados por el peso de la culpa, luchando con relaciones dañadas y sentimientos de insuficiencia. La buena noticia es que nadie necesita vivir así.

Cuando le pedimos perdón a Dios y a aquellos que hemos ofendido, le damos una voltereta a la culpa y la vergüenza. Y pronto nos inunda una oleada de gozo, paz y hasta júbilo. ¿Por qué continuar acurrucado en una solitaria y oscura esquina, cuando puedes estar corriendo y jugando en la brillante luz del perdón? Y recuerda, a veces necesitas perdonarte a ti mismo.

El mejor estado en el cual vivir,
es en el estado de ser "Perdonado".

Si en realidad quisiera

Ser feliz,

yo...

Le llevaría galletitas a un amigo o vecino

*El corazón que más
se asemeja a Dios,
es el benévolo y bondadoso.*
Robert Burns

El alimento ha sido un importante medio de expresar aceptación y hospitalidad en casi todas las culturas a través de la historia escrita. Es un acto tan natural que hasta un pequeño niño le ofrecería a un extraño una galletita comida a la mitad.

Sin duda alguna, existen muchas razones complejas sobre por qué los seres humanos sienten esta necesidad por compartir; sin embargo, para nosotros es suficiente saber que un ejercicio tal, trae consigo un profundo sentir de bienestar. ¡De alguna manera, cuando le obsequias a otra persona un regalo de felicidad, el mismo regresa a ti, y se posa en el borde de tu ventana!

Si deseas felicidad, compártela con los demás.

Si en realidad quisiera

Ser feliz,

yo...

Sonreiría
al despertar
por la mañana

*Mientras más agradecido
estés por lo que posees,
más tendrás por qué
estar agradecido.*
Zig Ziglar

Establece un tono de felicidad para el resto del día, al sonreír tan pronto te levantes cada mañana. Primero sonríele a Dios al decir en tu corazón: "Gracias por cuidarme mientras dormía". Segundo, sonríe al recordar por lo menos una cosa buena que te sucedió el día anterior. Tercero, sonríe al pensar en todas las oportunidades y bendiciones que esperan por ti a lo largo del día. Cuarto, sonríe al pensar que Dios estará presente a través del día para ayudarte con cada crisis, reto u obstáculo. Quinto, sonríe ante el hecho de que estás vivo y puedes sonreír.

Y mientras sonríes, pídele a Dios de su gracia para compartir tus cinco sonrisas con otros, antes de acostarte.

Sonreír prepara tu rostro para estar feliz.

Ser feliz,

yo...

Haría una pausa antes de responder a un comentario de ira o crítica

*La blanda respuesta
quita la ira.*
Proverbios 15:1

Nunca permitas que otra persona te controle. Demuestra tu dominio propio, a ti mismo y a los demás, haciendo una pausa de diez segundos antes de responder a un comentario hecho con ira o crítica.

Cuando respondemos con demasiada rapidez, la tendencia es a reaccionar exageradamente y le echamos leña al fuego del conflicto. Una pausa hecha a tiempo, no sólo te ofrece la oportunidad de hablar calmada, racionalmente y con consideración; sino que también ofrece la oportunidad para que la otra persona vuelva a considerar sus palabras. Es difícil ser feliz cuando permitimos que otros nos involucren en un conflicto. Pero se siente una satisfacción verdadera cuando sabes que has manejado una situación delicada con diplomacia.

El dominio propio es el regalo de la paciencia.

Ser feliz,

yo...

Aprendería
algo nuevo
cada día

*Aprender es descubrir
un nuevo mundo,
una nueva galaxia,
una nueva especie.
Te mantiene
eternamente joven.*
Autor desconocido

A las ceremonias de graduación se les llama "ejercicios de comienzo", porque marcan el comienzo, en vez del final de nuestro proceso de aprendizaje. La educación formal, simplemente nos equipa con las destrezas que necesitamos para procesar información y expandir nuestras mentes a lo largo de toda la vida. ¡El aprendizaje nunca termina!

¡Mientras más aprendemos, más deseamos aprender! La persona que desarrolla el hábito de aprender algo nuevo, despierta cada día a un verdadero entusiasmo por vivir, la expectativa y vehemencia por descubrir aun más sobre el mundo que Dios ha creado y a aquellos que en él ha colocado.

Desarrolla un anhelo por aprender.

Ser feliz,

yo...

Me concentraría en lo mejor de mí mismo

*Elógiate atrevidamente,
algo se pega.*
Francis Bacon

La mayoría de las personas se concentran en aquellos aspectos de su personalidad y apariencia que más desearían cambiar. ¡Debes reconocer que así es! Puedes escucharte a ti mismo diciendo algo parecido a esto: "Si tan solo mis pies fuesen más pequeños, mi pelo más grueso, y mis orejas más planas". Este tipo de pensamiento sólo te lleva a la insatisfacción y a la autoestima baja.

El que verdaderamente busca la felicidad, hallará la forma de concentrarse en aquellas cosas que otros admiran y aprecian en él o ella, ¡y las celebra! Concentrar toda tu atención en tus mejores características, literalmente puede ayudarte a ver tu vida en forma más positiva. Después de todo, cada uno de nosotros es creación única de Dios.

Desarrolla lo bueno que eres
hacia lo mejor que puedes llegar a ser.

Ser feliz,

yo...

Preferiría
equivocarme
por ser generoso

*El alma generosa
será prosperada;
y el que saciare,
él también será saciado.*
Proverbios 11:25

Las personas que son verdaderamente felices, casi siempre son gente generosa. Sea que tengan mucho o poco, han descubierto que el gozo es compartir con los demás, libre y abundantemente. Tales personas a veces tienen muy poco dinero en efectivo, pero siempre son gente rica en las cosas que el dinero no puede comprar.

Practica la generosidad en tu propia vida. Si ya eres una persona generosa, esfuérzate en ser generoso hasta que te duela. Muy pronto notarás que tus actitudes respecto al dinero y las posesiones irán cambiando; tus relaciones prosperarán, y tu visión de la vida se esclarecerá.

Dar es una forma muy rica de vivir.

Ser feliz,

yo...

Consideraría la edad como un regalo

La vida es más deliciosa cuando está en decadencia.
Séneca

Llegar a la vejez implica mucho más que añadir arrugas, someterse a dolores y achaques, y ver cómo tus hijos se marchan del hogar. La edad es un registro de tus días. Y trae consigo regalos, a saber, sabiduría y confianza.

Así que, no dejes de celebrar esos cumpleaños. Piensa en todos los retos que has conquistado en este último año. Recuerda las victorias, y disfruta los nuevos logros. Cataloga las perspectivas que recientemente has adquirido, y dale gracias a Dios una vez más, por cada día que te ha dado.

La edad es un tesoro sagrado.

Ser feliz,

yo...

Usaría las cosas y amaría a la gente

*El amor
procura dar felicidad
en vez de ser feliz.*

Vivimos en una cultura de consumo, una que valora las posesiones y las experiencias más que las personas. Y sin embargo, de alguna manera sabemos que estas cosas nunca pueden darle al corazón humano lo que más desea: relaciones amorosas y un sentido de valor personal.

Para poder experimentar la verdadera felicidad, es necesario establecer un balance entre la adquisición de cosas y una inversión sólida en las vidas de los demás. El mejor de todos los planes, es usar las cosas con el propósito de expresar amor a los demás.

La verdadera riqueza y la verdadera felicidad, proceden de relaciones inspiradas por el amor.

Ser feliz,

yo...

Perseguiría
una mariposa

*Pero los que esperan
en el SEÑOR renovarán
sus fuerzas; se remontarán
con alas como las águilas.*

Isaías 40:31

Hasta que los hermanos Wright hicieron lo que parecía ser un imposible, el hombre no había podido ascender a los cielos. ¡Y cuánto hemos volado desde entonces! Sin embargo, ninguna máquina ha podido igualar la belleza de una mariposa, al dibujar el aire de un jardín con los vibrantes diseños en sus alas.

El misterio y la belleza de la mariposa van más allá de su habilidad de volar, radica en su milagrosa transformación de una insignificante oruga.

A través de su ejemplo, descubrimos que lo terrenal y limitado puede ascender en un vuelo sin límites, lo que está atado y sin vida, puede llegar a ser libre y vibrante, y lo que es insípido y sin color, puede convertirse en hermoso e inspirador. Persigue una mariposa, y échale un vitazo al poder de lo posible.

Felicidad es ascender con las alas que has recibido.

Ser feliz,

yo...

Me obsequiaría una "experiencia cultural"

*Cada artista desciende
a su propia alma,
y pinta en sus cuadros
su propia naturaleza.*
Henry Ward Beecher

En cierta ocasión, una mujer llevó a su hijo a una exhibición de arte, sintiéndose un poco insegura sobre cuál sería su reacción ante la impresionante galería, la muchedumbre de adultos, el silencio en los inmensos pasillos y las piezas de arte en exhibición que retaban toda comprensión. Al detenerse frente a una pintura de arte moderno, que de hecho pudo haber estado colgando al revés, el hijo habló y dijo: "Esta me gusta. Así mismo es como a veces me siento".

El arte, la música y las actuaciones dramáticas nos hablan a cada uno de nosotros, a veces de forma inesperada, pero siempre profunda y maravillosamente. Las expresiones artísticas de nuestra cultura, envían el mensaje de que no estamos solos en nuestros sentimientos o en nuestras aisladas experiencias.

Parte de sentirse feliz, es sentirse conectado.

Ser feliz,

yo...

Comenzaría
cada día
dando gracias

Por nada te afanes,
Por todo ora,
Por cualquier cosa
da gracias.

D. L. Moody

Estamos acostumbrados a dar gracias a la hora de tomar los alimentos, pero ¿hemos considerado los beneficios de hacerlo al comienzo de cada día? Un ejercicio tal, puede servir para guiarnos hacia actitudes de amor, perdón y misericordia; y para hacernos recordar que estamos, y de hecho, en este mismo momento, rodeados de felicidad.

Comienza el día de hoy dando gracias a Dios por las cosas simples que en esta vida producen gran gozo. Dale gracias a Él por el trabajo honesto y útil y por la destreza para poder desempeñarlo. Dale gracias a Él por los recursos que ha provisto para suplir tus necesidades diarias. Dale gracias a Él, por el amor de familiares y amigos. Y dale las gracias por el aliento de vida.

Dar gracias es la mejor manera de contar tus bendiciones.

Ser feliz,

yo...

Tendría cuidado de no morder más de lo que puedo masticar

La ciencia del prudente está en entender su camino.
Proverbios 14:8

Existe un punto de rendimiento decreciente en todo esfuerzo, donde la cantidad entra en pugna con la calidad; y la presión por lograr un buen desempeño, entra en pugna con la moral y las buenas relaciones. Sobreextendernos en los compromisos es una vía rápida hacia la fatiga física y emocional. Y ninguna persona puede ser verdaderamente feliz si su nivel de tensión está al máximo.

La mayoría de las personas sienten que "no", es una palabra infeliz. Pero aprender a decir "no", puede traer balance a tu vida y permitirte disfrutar del tiempo que necesitas para detenerte y oler las rosas a lo largo del camino. También te permitirá liberar tu calendario para que puedas decir "sí", a aquellas cosas que verdaderamente deseas hacer y en las que necesitas estar involucrado. Has lo que esté a tu alcance por ti, y por los demás. Entonces, deja el resto en las manos de Dios.

Las velas no se han hecho para ser quemadas por ambos extremos.

Si en realidad quisiera

Ser feliz,

yo...

Confiaría
en la bondad
de los demás

Confía en los hombres
y ellos serán fieles contigo;
trátalos con grandeza,
y demostrarán ser grandes.
Ralph Waldo Emerson

Los dueños de un restaurante en la Florida instituyeron una política de "no cuenta por cobrar". Cuando las personas terminaban de cenar, se les entregaban sobres de "ofrendas". Al pasar el tiempo, los dueños descubrieron que algunos incluían menos del costo de la comida, y algunos, dieron más del costo de preparar y servir los alimentos.

Esto le podrá parecer ingenuo, y por supuesto, hubo quienes se aprovecharon de la oportunidad de marcharse sin pagar. Pero, por lo general, la confianza que los dueños depositaron sobre sus clientes fue recompensada. Y todos se sintieron bien al respecto. Hay un gozo especial en confiar que las personas hagan lo correcto.

Todos nos beneficiamos cuando a otros
se les permite el beneficio de la duda.

Ser feliz,

yo...

Diría:
"te amo"

*Las palabras a su vez
ocultan y revelan
el pensamiento
de los hombres.*
Dionisio Cato

El papel estaba pobremente doblado. Las palabras escritas estaban manchadas y desordenadas. El verso no rimaba, y el recorte en forma de corazón no era digno de una perfecta tarjeta de San Valentín. Pero el mensaje de la pequeña niña para su madre, estaba bien claro: "Te amo".

No importa cómo lo empaquetes, este es un regalo que seguramente ha de traer felicidad a tu propia vida y a la vida de los demás. Y el no hacerlo, puede resultar en un corazón lleno de pesar al desperdiciar tal oportunidad. Y requiere tan poco tiempo, esfuerzo y recursos. Hazlo hoy, por ti y por alguien a quien amas.

Las palabras más importantes
en el idioma castellano son: "te amo".

Ser feliz,

yo...

Aprendería
a recibir
de los demás

Qué agradecido estoy
y cuánto alabo al Señor
por la ayuda que de nuevo
me están brindando.

Filipenses 4:10

Cuando reconoces un regalo recibido como una expresión de amor, devuelves la acción con un obsequio de "aprecio" y amoroso "reconocimiento". Un recibidor entusiasta y agradecido produce para todos una atmósfera de celebración, y le permite al dador experimentar un momento de verdadera felicidad.

Deléitate en cada obsequio, ¡sea grande o pequeño! Disfruta la fiesta preparada en tu honor, los demás se han de sentir con mayor libertad para celebrar. Expresa agradecimiento cuando otros se acercan para ayudarte, estarán más deseosos por hacerlo otra vez. ¡Es un gran sentimiento permitir que sean otros los que brillen!

Aquellos que saben recibir,
devuelven la acción con un obsequio.

Ser feliz,

yo...

Probaría un nuevo sabor de helado

El placer con moderación, relaja y calma el espíritu.
Séneca

A menudo, los placeres simples de la vida son en realidad los grandes placeres de la vida. Un nuevo sabor de mantecado, caminar en la lluvia, una sola flor, una caliente tajada de pan casero, dedicar tiempo para apreciar una puesta del sol, cada uno de estos, puede deleitar nuestros sentidos y producir en nosotros un inmenso sentimiento de bienestar.

Los placeres simples son aquellos para los cuales no es necesario "ahorrar", "posponerlos hasta el tiempo de vacaciones". Están fácilmente disponibles para evocar en nosotros aquellos sentimientos de contentamiento y satisfacción que calman los nervios alterados. Estos colman de extraordinaria calidad días que de otro modo, serían "comunes". Y lo mejor de todo, es que casi siempre uno los puede compartir.

Los placeres simples
pueden satisfacer necesidades complejas.

Ser feliz,

yo...

Dejaría que los demás supieran los buenos pensamientos que tengo respecto de ellos

Las palabras son las embajadoras del alma, que viajan de un lado para otro con sus recados.

James Howell

No hay mejor día como el presente para que expreses los pensamientos nobles que tienes por los demás. Muy a menudo esperamos que lleguen ocasiones especiales para decirles lo que significan para nosotros, o que estamos agradecidos por su presencia en nuestras vidas. Sea para desear un simple deseo de bienestar, impartir un sentir de orgullo o, expresar agradecimiento por el apoyo y la bondad recibida, tus palabras no pueden trabajar a tu favor si no las expresas.

¿Cuándo fue la última vez que le dijiste a tu cónyuge, a tus hijos o a tus amigos cuánto significan para ti? Cuando le das a alguien una razón por la cual estar feliz, tú también sentirás felicidad.

¡Haz feliz a alguien hoy, siendo un mensajero de buenas noticias!

Ser feliz,

yo...

Apreciaría cada ocasión especial

¡Eso hay que celebrarlo!

Lucas 15:32

Los rituales son importantes porque sirven como marcadores en nuestras vidas y relaciones. Muchas personas piensan que por naturaleza los rituales siempre son de índole religioso, pero, las fiestas de cumpleaños, las celebraciones de aniversario, las ceremonias de reconocimiento, reuniones familiares, vacaciones, cenas en días especiales, y hasta los viajes de pesca con nuestro hijo o hija, son rituales culturales que nos unen y realzan nuestras relaciones.

Aprovecha los rituales culturales en tu vida. Tomen fotos y recuerden juntos. Conmemoren las historias de la familia: "¿Recuerdas cuando el Abuelo Brink hizo...?" El apreciar tales momentos especiales, te permitirá almacenar tu felicidad para cuando lleguen los tiempos difíciles, que seguramente nos llegarán a todos nosotros.

Las ocasiones especiales son los lazos que nos unen.

Si en realidad quisiera

Ser feliz,

yo...

Pondría
a un lado
todo prejuicio
y estereotipo

Debes mirar
exterior
e interiormente.
Lord Chesterfield

Los prejuicios y los estereotipos nos ciegan y nos atan. Ambos, nos alejan de aquellas experiencias que nos ayudan a crecer y a desarrollar nuestro carácter. El prejuicio no se limita a raza, puede tener como blanco el sexo, edad, origen étnico, nivel económico y religión, entre otros. Una mujer hasta admitió tener "prejuicio en contra de los que tienen prejuicio".

Por el otro lado de la moneda, dejar a un lado el prejuicio, puede abrir amplias puertas de amistad, bienestar y apreciación cultural. Puede expandir las fronteras de nuestras mentes y aumentar nuestro conocimiento del mundo que nos rodea. Romper con las ligaduras del prejuicio, es como salir de un capullo para volar libre y feliz a la luz del sol.

El prejuicio no puede coexistir con el amor.
Uno siempre prevalecerá al excluir al otro.

Ser feliz,

yo...

Cantaría
en la ducha

Aquel que canta
espanta sus aflicciones.
Cervantes

Luciano Pavarotti, Leontyne Price, Barbra Streisand y otros, han alcanzado la fama primordialmente debido a sus magníficas voces. Con facilidad nos permiten cerrar nuestros ojos y ser mágicamente arrastrados por emociones de felicidad, amor y contentamiento.

Muy pocos han sido bendecidos con tales talentos, pero, sí es cierto que en la ducha, cada uno de nosotros puede soltar su tonada. Por unos breves y felices momentos, podemos convertirnos en uno de los cantantes más famosos del mundo, inundando los aires con nuestra interpretación de temas personales favoritos. El cantar fortalece los pulmones, ejercita el diafragma y trae vida al alma. Pruébalo, y verás.

Entonar un alegre cántico, alegra el corazón.

Ser feliz,

yo...

Escucharía
el consejo
de los sabios

*Aplica tu corazón
a la enseñanza,
y tus oídos a las palabras
de sabiduría.*
Proverbios 23:12

La percepción de profundidad nos dice cuán cerca o cuán lejos se encuentran ciertos objetos. Aquellos que tienen problemas de visión en un ojo, carecen de la percepción de profundidad adecuada, y por lo tanto, su habilidad de hacer contacto con o evitar ciertos objetos, disminuye.

El principio que dice que mejor son dos ojos que uno se extiende más allá de la habilidad de ver físicamente. Los mentores que son sabios, nos ofrecen percepción de profundidad respecto a situaciones y circunstancias. Ellos nos ayudan a hacer contacto exitoso y mantenernos al margen de todo peligro. Y cuando consideras que hasta cierto punto la abundancia de felicidad en nuestras vidas depende de las decisiones que hacemos, nos parece que es correcto procurar el consejo de gente sabia y amorosa.

Los sabios nunca cesan de buscar sabiduría.

Ser feliz,

yo...

Intentaría
una nueva receta

*El descubrimiento
de un nuevo plato,
hace más a favor
de la felicidad humana
que el descubrimiento
de una nueva estrella.*
Anthelme Brillat Savarin

Los asombrosos y misteriosos aspectos de los alimentos han sido conocidos y apreciados desde el comienzo de la historia escrita. De hecho, todo el episodio del Jardín del Edén puede reducirse al deseo de Eva por probar una nueva fruta y servírsela a su esposo. Si has experimentado el deleite y estímulo de probar un nuevo plato, es muy probable entonces, que comprendas lo que sucedió en el Jardín aquel triste día.

Afortunadamente, todos los experimentos culinarios no llevan consigo consecuencias tan desalentadoras. Así que, cuando necesites un "impulso de felicidad", considera abrir un libro de recetas e intenta crear algo atrevido y delicioso. Hoy día los libros de recetas son tan sencillos que, aun los novatos pueden seguir sus instrucciones. ¡Buen provecho!

No hay nada que exprese más amor como algo que ha salido de un horno.

Ser feliz,

yo...

Me rendiría ante la idea de querer cambiar a los demás

*Considera cuán difícil
es cambiarte a ti mismo,
y comprenderás cuán
pequeña es la probabilidad
de poder cambiar
a los demás.*
Jacob M. Braude

Uno de los momentos más grandes y liberadores en la vida, es cuando logramos comprender que no podemos cambiar a las demás personas. No importa cuánto los amamos o cuánto nos aman ellos a nosotros, tal cambio es completamente una función que pertenece a la voluntad personal y a la gracia de Dios.

Ama libre e incondicionalmente, enfatizando los puntos fuertes y alentando el bien que hay en aquellos que te rodean. No te conviertas en un catalizador de comportamientos hirientes y dañinos, sino recuerda siempre que a la larga, cada persona es responsable por sus decisiones personales. La gente sí cambia, a menudo cambian profunda y genuinamente, pero tales cambios deben proceder desde el interior del individuo.

*La única persona a quien puedes cambiar,
es a ti mismo.*

Ser feliz,

yo...

Sería bondadoso
con el forastero

Fui forastero,
y me recogisteis.
Mateo 25:35

En una antigua tumba se puede leer lo siguiente: "Nunca conoció a un forastero". ¡Cuántos volúmenes de enseñanza nos transmite este breve mensaje sobre el individuo que allí yacía enterrado! Es fácil imaginar que a este hombre, le era fácil sonreír y manifestar empatía hasta el punto de derramar lágrimas. Es fácil imaginar sus pequeños actos de bondad a favor de aquellos que nunca conocieron la fuente de su "grata sorpresa".

¡Qué gran epitafio! Y qué gran medio para lograr la felicidad interior. Extenderle la ayuda a un forastero es puro e incondicional. En tal acto, no hay agendas escondidas. Cuando le extiendes la ayuda a un forastero, es equivalente a un obsequio de agradecimiento a Dios.

No hay forasteros,
sólo personas que aún no se conocen.

Si en realidad quisiera

Ser feliz,

yo...

Aprendería algunos buenos chistes

*El más desperdiciado
de todos los días,
es aquel en el cual
uno no se ha reído.*
Chamfort

144

El humor y su efecto secundario, la risa, han demostrado ser causantes por las mejorías en la presión sanguínea y los latidos del corazón en individuos seriamente enfermos. Es un hecho, tan terapéutico, que se emplea a los payasos como empleados permanentes en la mayoría de los principales hospitales de niños. Un poco de buen humor puede sanar relaciones rotas, aplacar situaciones volátiles, y proveer una nueva y necesitada perspectiva.

Haz una inversión de buen humor en tu vida al aprender algunos buenos chistes. Estos, deben ser fáciles de recordar y que puedan pasar tu propia prueba de buen humor. Nunca escojas un chiste que denigre a otras personas, simplemente hablando, eso no es cómico. Mantén el buen gusto, y, ¡a reír se ha dicho!

La risa es el sonido de la felicidad.

Si en realidad quisiera

Ser feliz,

yo...

Respetaría
los sentimientos
de los demás

*El primer deber del amor
es escuchar.*
Paul Tillich

Cada persona tiene una necesidad nata de ser escuchado, comprendido y respetado. La clave es recordar que el respeto es una espada de doble filo. Recibimos lo que más necesitamos, en la medida que lo compartimos con los demás.

Aprender a escuchar verdaderamente y desarrollar sensibilidad por las necesidades de las demás personas, es la mayor parte de las veces un sencillo asunto de práctica. Cuando estemos escuchando a los demás, debemos aprender a concentrarnos en ellos y a brindarles toda nuestra atención. Debemos resistir el impulso de interrumpirlos o de formular mentalmente tu respuesta, y a no ceder a la tentación de juzgar o sermonear. Cuando escuchamos, estamos validando al que habla y de esta forma, transmitimos respeto y amor. Al dar, has de recibir.

El respeto es una recompensa,
sea que se da o se recibe.

Ser feliz,

yo...

Siempre guardaría el secreto confiado

*El que anda en chismes
descubre el secreto;
mas el de espíritu fiel
lo guarda todo.*
Proverbios 11:13

Los secretos pueden ser maravillosos y terapéuticos. Pueden traer a nuestras vidas gran gozo y liberación emocional. Tienen el poder de fortalecer los lazos entre individuos, y nos permiten compartir en la felicidad de los demás. Compartir un secreto, también podría significar que la gente confía en ti lo suficiente como para hacerse vulnerables. Cuando esto sucede, hay gran virtud en el hecho de guardar celosamente tal secreto.

Proteger el secreto que otros te confían es una expresión de amor. Implica la protección de una relación y una responsabilidad que representa un gran privilegio. Su recompensa es una buena noche de descanso, la fortaleza de carácter y la constante amistad.

Felicidad es guardar celosamente
aquello que nos ha sido confiado.

Ser feliz,

yo...

Desarrollaría
mis talentos

*Un ganador es alguien
que reconoce cuáles son sus
talentos, trabaja arduamente
para desarrollarlos,
y los usa para cumplir
sus metas.*

Larry Bird

Los investigadores educacionales han concluido que la mayoría de las personas poseen entre tres y cinco talentos principales, y que cada uno de ellos puede ser desarrollado y aplicado en alguna manera que ha de beneficiar a los demás. Hay que recordar, sin embargo, que poseer el talento es fácil; desarrollar el talento requiere tiempo, esfuerzo y un compromiso a largo plazo.

Descubrir y desarrollar tus talentos específicos, podría convertirse en una de las búsquedas más felices y satisfactorias de tu vida. Mientras más hagas aquellos para lo cual fuiste creado, mayor será tu sentido de contentamiento, propósito y satisfacción interna. ¡Anda y encuentra tu propio oro!

La práctica siempre nos acerca
un poco más a nuestra propia perfección.

Ser feliz,

yo...

Meditaría sobre el asombroso universo de Dios

Cuando veo tus cielos,
obra de tus dedos,
la luna y las estrellas
que tú formaste, digo:
¿Qué es el hombre, para que
tengas de él memoria,
y el hijo del hombre,
para que lo visites?
Salmo 8:3,4

El asombro infantil siempre está de moda. Y asombrados debemos estar, al considerar la inmensidad y el esplendor del universo. Mientras más estudiamos sus complejidades y ahondamos en sus misterios, más nos vemos obligados a reconocer que el "secreto de la vida" y el "significado de nuestra existencia" no puede ser reducido a una ecuación o fórmula. Estos, están amorosamente protegidos en la mano de Dios.

Por lo tanto, si lo que verdaderamente deseas es felicidad, sal a caminar una de estas noches que puedas ver brillar las estrellas, y dedica unos minutos o algunas horas para elevar tu vista hacia el cosmos. Deja que tus problemas se derritan a la luz del inmenso manto de brillantes milagros.

Mira lo que ha hecho Dios.

Si en realidad quisiera

Ser feliz,

yo...

Siempre diría la verdad, toda la verdad, y nada más que la verdad

*Una media verdad
es a menudo
una gran mentira.*
Benjamín Franklin

La gente que es feliz sabe que nunca debe comprometer la integridad de su alma por amor al momento presente. Estos abrazan la verdad y cuidadosamente protegen sus corazones de todo engaño. ¿Por qué? Porque han aprendido que decir la verdad, les permite dormir de noche con más tranquilidad, inspira la lealtad de sus amigos y reciben el respeto de todos ellos.

Aun así, la honestidad, pura y sin diluir, es algo difícil de encontrar en nuestra sociedad. Ha caído presa de la conveniencia y de la errada creencia de que al mentirle a las personas les servirá al final de ayuda personal. Claro, a menudo la verdad es dolorosa, pero también puede llegar a convertirse en tu mejor amiga.

Busca la verdad. Y después, habla la verdad.

Apreciaría
lo que tengo

*Conténtense
con lo que tengan.*
Hebreos 13:5

Muchas personas invierten gran parte de sus vidas buscando felicidad. Y al final, dichosos quienes reconocen que no tiene nada que ver con poseer más, hacer más o llegar a ser más. Tiene que ver con nuestra perspectiva respecto a lo que ya es nuestro.

Mira hoy a tu alrededor, y da gracias por las riquezas que Dios ha colocado en tu vida. Aun si tus circunstancias son difíciles y el futuro parece incierto, siempre puedes deleitarte en los vibrantes colores del amanecer o en la asombrosa tenacidad de una flor diente de león que pelea por abrirse paso y conquistar su lugar entre la hierba. Cuando comienzas a ver y apreciar las riquezas que te rodean, seguramente encontrarás que tienes más razones para estar feliz de lo que pensabas.

La felicidad está a tu alcance. Tómala.